청어詩人選 510

이석자 목사 영성시집

추억의 보석 항아리

영혼의 소리!

시는 파노라마와 같은 인생
바닷속에 숨겨진 진주와 같은
아름다운 그림책이었습니다.

청어

추천사

『추억의 보석 항아리』 저자, 이석자 목사님의 시집은 다른 시집보다 특별한 시집이며 일반 대중을 향하여 누구나 예수 복음을 전파하는 데 그 목적이 있습니다. 그의 대부분 시어의 선택이나 전개 방식도 매우 직접 체험담과 산 간증이 쉽게 시가 이루어져 있습니다.

이석자 목사님 열정적인 영혼의 중심에 있는 시적 감흥과 표현 그것은 21세기를 살아가는 우리의 인생 나침반 역할을 할 것이 분명합니다.

오직 주님만을 바라보며 인생 어려운 역경과 고난을 잘 이겨내시고 추억의 보석 항아리 시집이 나오기까지 예수 복음의 진지한 주옥같은 사랑의 진리를 담고 있는 시집입니다. 대중에게도 전혀 거부감 없는 시의 언어 구상은 분명 많은 사람에게 회자될 것입니다.

또한 이석자 목사님은 인생 고난과 역경 속의 신학에 숙달하고 각종 고시를 거쳐 주의 종이 되어 살아남은 자로서의 영적 체험과 육체적 체험의 신앙이 인류애가 펼쳐지는 보석과 같은 아름다운 시집입니다.

추억의 보석 항아리 시집에서 우리는 진정 하나님이 우리 인생을 향한 하나님의 전지전능하심의 깊고도 넓은 오묘한 뜻을 헤아릴 수 있게 될 것으로서 은혜의 콘텐츠가 꽉 채워져 있으므로 귀하고 존귀한 영성이 충만한 시집을 독자들에게 아낌없이 추천합니다.

—합동총회장 이성현 목사

추천사

목회와 시인으로 그리고 사역을 통한 다양한 활동으로 감동을 주고 있는 노을 이석자 시인의 『추억의 보석 항아리』 출판을 주님의 이름으로 축하드립니다. 주님이 주시는 1%의 영감으로 덧입혀진 열정과 애정이 시어로 승화된 시와 간증들이 알곡 들녘과 함께 빛나고 있습니다.

시(詩)는 견(見)-시(視)-관(觀)-각(覺)의 4단계를 거쳐서 탄생합니다.

사물을 보니 무엇인가 보이고 자세히 관찰하니 깨달음이 생기는 원리입니다. 그러나 타고난 시인은 각(覺)의 단계에서 토해내는 경우가 있습니다.

이것은 99%의 노력이 있을지라도 주님께서 주시는 1%의 영감이 없다면 명시가 될 수 없음을 의미합니다. 1%의 영감으로 얻은 노을 시인의 시에는 주님의 사랑과 가족 사랑 자연에 대한 깊은 애정이 봇물 되어 흐르고 있으며, 시편마다 정교하면서 깊은 성찰의 메시지가 흐르고 있습니다.

「우주의 창조주」「초월적 주님의 삶」「우주의 주인」「고난은 하나님의 교육」「하나님과 동행」「측량할 수 없는 사랑」「하나님의 크신 사랑」「택함, 받은 자」「새벽예배」「자녀를 기다리는 어머니」「변치 않는 사랑」「하나님 품으로」 등의 시들은 시어를 찾고자 하는 내면에 영적 메시지를 함축하고 주님의 특별한 사랑과 그리움이 내포하고 있으며, 당신 없이는 살 수 없다는 역설(逆說)의 미학(美學)이 숨겨져 있습니다.

저자 이석자 목사님의 보석 항아리 성시 간증은 개인의 삶을 넘어서 오래도록 회자될 수 있는 귀한 인생의 항로라는 생각이 듭니다. 확고한 신앙을 다짐하는 간증 내용이 각 장에 보물처럼 숨어 있습니다. 시냇가에 심은 나무가 시절을 좇아 과실을 맺고 그 잎사귀가 마르지 아니함같이 시향 가득한 독자 여러분들이 되시기를 기도하오며, 주님의 향기를 원하는 모든 분에게 적극적으로 추천합니다.

2019년 10월 묵상 피어난 새벽에

목사/시인/서울시인대학장
신학/문학/공학박사 다울 최병준

시집을 내면서

주님은 아주 오래전부터
일기 쓰기를 원하셨어요!
하지만 작은 뗏목 돛을 달아

돌풍 속에서 바다를
항해하는 것이란
그리 쉽지 않았습니다

그래도 잠시 구름 걷히고
햇빛 구름 사이로
비춰 일 때면
가끔 일기 써보았지요

추억의 항아리 속에
담아놓은 것을
하나둘 꺼내어
부끄럽지만
시로 정리해 보았습니다

- 이른 봄 푸른 도서관에서 -

추억의 보석 항아리

봄이면 활짝 웃음 짓는
철쭉 꽃잎과 길가에
떨어진 벚꽃잎 하나 가득
항아리에 넣었어요

태양이 끓는 한낮엔
바닷가 조개껍질과
파도에 밀려오는
거품도 가득 담아 넣었고요

붉게 타오르는 저녁노을
가을이면 코스모스 길옆
바람결에 흩어져 날아가는
낙엽도 잡아넣었어요

들녘에 흔들리는
갈대도 꺾어 꽂았고요
뒷동산 도토리와 알밤도
주워 넣었어요

바람 따라 구름 따라
남쪽으로 떼 지어
날아가는 새들의
합창도 넣었고요

찬바람에 떠는
앙상한 가지 위에
소복이 쌓인 하얀
눈꽃송이 담뿍 넣었지요

까만 밤이면
은하수길 걸으며
별들을 따다
항아리 속 넣었고요

쓸쓸한 밤이면
장독 위 떨어지는
달빛도 한 아름 가득
담아 넣었지요

때론 아침이슬
강가에 흐르는 눈물도
함께 넣었어요

그래서 추억의
보석 항아리랍니다

- 광교 푸른 도서관 공원 벤치에서 -

차례

추천사_이성현(목사·합동총회장) ················· 2
추천사_최병준(목사·시인·서울시인대학장) ········· 4
시집을 내면서 ······························· 7
추억의 보석 항아리 ·························· 8

제1부
영혼의 소리

우주의 창조주 ····························· 16
주님의 음성 ······························· 18
세상일 모두 끝날 때 ························ 20
주님만 바라보아 ··························· 22
마음의 창 ································· 23
막힌 통로 뚫어야 해요 ······················ 24
육의 눈칫밥 ······························· 25
영혼 속에 두 영 — 빛과 어둠 ················ 26
영의 통로 ································· 27
영혼의 고향에 대한 사랑과 그리움 ············ 28
삶 문제의 열쇠 ···························· 31
나 아닌 또 하나의 나 ······················· 32
신비 속 대자연 ···························· 34

초월적 주님의 삶 ········· 35
찬란한 생명체 ········· 36
나에게 은과 금은 없어도 ········· 37
모든 것 품고 사랑하게 하소서 ········· 38
주님만 바라보네 ········· 40
신과의 실제적 삶 ········· 41
우주의 주인 ········· 42

제2부
벼랑 끝에서 주님의 손

아버지의 사랑 ········· 44
성전에서 우는 종을 위한 기도 ········· 45
인생의 고뇌 가운데 감사 ········· 46
고난은 하나님의 교훈 ········· 47
하늘의 안테나 ········· 48
삶의 문제 ········· 49
기도 중 주님의 말씀 ········· 50
찬란한 영의 삶 ········· 51
하나님은 언제나 함께 ········· 52
훌륭한 리더 자 ········· 54
우주는 아버지의 집 ········· 56
구원의 눈물 골짜기 ········· 57
하나님과 동행 ········· 58
측량할 수 없는 사랑 ········· 59

더 나은 세상은 자신 속에 ················· 60
빛의 승리 ······························ 61
거룩한 열정과 거룩한 배짱 ··············· 62
나는 누구인가? ························ 64
영적 전쟁 ····························· 65
장밋빛 사랑 ··························· 66

제3부
폭풍 속에서 주님의 음성

주님 사랑에 자녀 손 꼭 잡고 ············· 68
강물에 버린 눈물이 바다로 ··············· 69
거룩한 영광의 자리까지 ················· 70
인생의 항해 ··························· 72
주의 길 따라 ·························· 74
신의 경지 ····························· 75
한 번의 잘못된 선택 ···················· 76
돌아온 탕자 ··························· 77
이상과 현실 속에 ······················ 78
샛별의 마지막 삶 ······················ 79
나무는 그 열매를 보고 알 수 있다 ········· 80
여호와의 장막을 그리며 ················· 81
택함 받은 자 ·························· 82
문제가 답이다 ························· 84
금과 은보다 귀한 나 ···················· 85
하나님의 피난처 ······················· 86

태풍 ··· 87
어둠 골짜기에 십자가 ································ 88
주여 저들을 불쌍히 여기소서 ··················· 89
주님 나는 참 행복해요 ······························· 90

제4부
추억의 계단

창밖에 새와 밤나무 ···································· 92
여름의 독백 ··· 93
사계절 행복 주는 친구 ······························ 94
6월의 푸름 ·· 96
새로운 꿈 ··· 97
추억의 화이트 군밤 ···································· 98
시인은 밤하늘에 별 ···································· 99
마지막 캠퍼스 ··· 100
그대는 아는가? 내 사랑이여 ···················· 101
별들의 마음 전하는 보름달 ······················ 102
엄마 생일날 팥죽 줘요 ······························ 103
제비꽃과 선인장 ··· 104
인생은 여행길 ··· 105
봄비 내리는 날 ··· 106
추억의 팝송 ··· 107
남이섬 펜션 정원에서 ································ 108
인생의 막차 ··· 109
어쩌면 그리도 아름다운지요 ····················· 110

꿈의 섬 …………………………………………… 112
자녀를 기다리는 어머니 ………………………… 113

제5부
노을의 쉼터

변치 않는 사랑 …………………………………… 116
수도원 성전 ………………………………………… 117
나를 성결하게 하소서 …………………………… 118
승리하게 하소서 ………………………………… 119
하나님의 가을 축제 ……………………………… 120
마지막 긴 여행 …………………………………… 121
눈꽃송이 …………………………………………… 122
내 영혼아 …………………………………………… 123
주님 오늘도 ……………………………………… 124
연민의 사랑 ……………………………………… 125
하나님 형상 회복케 하옵소서 ………………… 126
주님 품으로 안식 ………………………………… 127
아버지 품으로 …………………………………… 128
달과 바람 ………………………………………… 129
아침 산책길 ……………………………………… 130
낙엽의 화려한 여행 ……………………………… 131
강가에 내려온 보름달 …………………………… 132
초여름 손님 ……………………………………… 133
새벽 기도와 찬양 ………………………………… 134
하나님 품으로 …………………………………… 135

제1부

영혼의 소리

우주의 창조주

저 장엄하고 위대하심
대자연의 창조하심을

그 어떤 신 당신 앞에
비교할 수 있으리까

하나님 크고 놀라운
사랑과 거룩하심이

그 어떤 능력 당신 앞에
비교할 수 있으리이까

우주의 주인이시며
왕 중의 왕이신 창조주

모든 피조물들
어찌 그 누가 감히

당신 앞에 고개를
들 수 있으리오

무릎 꿇고 두 손 모아
머리 수그러지나이다

당신의 찬란하고
아름다운 신비 속에서

무기력과 교만함이
부끄러워지나이다.

- 서해 낙조를 바라보며 -

당신의 아름다운 신비

주님의 음성

황혼이 산허리 걸쳐
허기진 나의 영혼

잔잔한 호수 속
그렇게 머무르고 싶습니다

밤이면 은빛 물결
찰랑거리는 별들의 밤

구름 사이로 빗겨 나와
나뭇잎 새에 달빛 여울

잔잔한 고요 속에
내 영혼 머무르고 싶습니다

살짝 바람결 옷깃
스쳐 가는 주님의 음성

"사랑한다 딸아!
 항상 네 곁에 내가 있지 않으냐!"

외롭고 쓸쓸할 때면
깊은 영혼 속 찾아와

흰 구름 포근한 사랑
백합꽃 향기 발하며

찾아와 주시는 주님
그 사랑에 내가 있고

주님 숨결 속에
내 영혼 살아갑니다.

- 양곡 도서실 산책 노을 바라보며 -

세상일 모두 끝날 때

주여 아름다운
영롱한 빛
깊은 영혼 속
내게 비추소서

흰 구름에 걸려있는
찬란한 무지갯빛
크리스털보다

더욱 아름다운
거룩한 몸
성전 되게 하소서

그러면 어둠은
내게 한길로 왔다
마귀는 천 리 길
도망가나이다

주님 내게 품은 뜻
이루게 하옵시며
세상일 모두 끝나
고향 돌아갈 때

"딸아, 참 수고했다"
하늘에서
칭찬받게 하옵소서!

- 수도원 대성전에서 -

주님만 바라보아

주님 내게 담대한
믿음 주옵소서
환경 바라보지 말고

예수님만 바라보아
물 위를 걷는
큰 믿음 주옵소서

주님만이 내게
의지할 곳 없나이다

나를 이 깊은
웅덩이에서
건져주옵소서

세상 그물 쳐 논
모든 결박
속히 풀어주시어

독수리 날개 치듯
하늘 높이 훨훨
날아가게 하옵소서!

- 견디기 어려운 환경 속에서 -

독수리 날개 치듯
하늘 높이 날아날아!

마음의 창

생각은 있으나
눈으로 볼 수 없고
만질 수 없어요

마음도 있으나
눈으로 볼 수 없고
만질 수 없어요

그러나 분명한 것은
생각과 마음 있어요
떠오르는 생각은
가슴 타고 내려와

마음먹고 결정하며
결정한 마음은
몸 밖 행동 나타납니다

그러기에 생각은 씨요
마음은 밭이요
행동은 열매인 것입니다

그 열매는 좋은 열매와
나쁜 열매로 나타납니다.

- 양곡 도서관에서 -

막힌 통로 뚫어야 해요

하늘 복 내려오려면
막힌 통로 뚫어야 해요

수도관 막히면
물 나오지 않아요

전기 코드 꽂지 않으면
불 들어오지 않아요

기도는 하늘 문 여닫는
강력한 힘과 능력 있지요

하늘 문 열린다는 것은
초자연적 현상 나타납니다

하늘 문 열리면
악순환하던 죄악 끊어져요

모든 문제는 기도 통하여
풀어나가야 합니다.

- 양곡 도서관에서 -

육의 눈칫밥

세상에 가장 밥맛없는
밥은 눈칫밥이다
신으로부터 공급받지
못하고 사는 인생
사람에게 아부하며
눈칫밥 먹고 산다

하나님 믿어도
무조건 맹종하거나
추상적이면 안 된다
주님 만남에 대한
체험 있어야 한다

만물 창조하시고
역사하시는 하나님
나의 아버지라는
확신 있어야 한다

그러면 세상 당당해져
사람 눈칫밥 먹지 않는다
그 인생 책임져 주시는
확실한 믿음 때문이다.

- 위선적인 사람을 바라보며 -

영혼 속에 두 영 — 빛과 어둠

인간은 두 생각과
두 마음 있다
생각과 마음 따라
사람은 말과
행동 나타난다

두 생각과 두 마음
어둠에 속하느냐
빛에 속하느냐

사람은 어떠한 길
선택하느냐 따라
이승의 삶도
저승의 길도 결정된다

삶의 행위대로
과거와 현재
미래가 나타난다

마지막 인생
두 철로 길에서
지옥과 천국 스스로
택하며 살아간다.

- 인생 두 길의 길목에서 -

영의 통로

경전이 없는 종교는
무속신앙인 것입니다

사람은 하나님 말씀
통하여 복 받습니다

사람은 영의 통로이기에
누구를 만나는가에 따라

그 상대의 영이
내게 흘러들어옵니다

육체가 움직이는 것과
영이 임재하는 것은

하나님 형상 회복된 사람은
세상이 전혀 다르답니다.

- 만남의 중요성을 생각하며 -

영혼의 고향에 대한 사랑과 그리움

우주를 창조하시고
역사해 가시는 하나님!

당신은 거룩하시며
모든 것들에서 뛰어나며
구름 위에 가장 높은
산성이시나이다

어떤 것 비교할 수 없는
정오의 빛보다
더 밝은 빛이시나이다

바람 소리, 파도 소리,
새소리, 천둥번개 소리까지도

장엄한 우주 자연의
오케스트라
당신의 사랑스러운
음성으로 들려옵니다

당신은 어찌 그리도
아름다운지요

당신의 그 거룩함과
아름다움의 신비는
찬란한 보랏빛
베일과 같습니다

태양이 타오르는 사랑
신의 그리움과
연민 속 살아가는 마음
받아주소서!

세상일 다 끝나
당신께 돌아가는 날!
그날은 가장 기쁘고
행복한 날 될 것입니다

주님 감사합니다
죄 된 세상 단절하고
온전히 주님께
돌아오게 하심을…

자연은 평화 사랑
아름다움 그 자체
광명한 천국
그곳에 당신이 계십니다

먼 훗날 그곳 당신과 함께
영원히 머물 것입니다.

- 천국 가는 벅찬 그날을 기다리며 -

삶 문제의 열쇠

많은 사람 지금도 선악과 따 먹습니다
옳고 그름 판단하기 때문에 끝이 없습니다

선악 초월하여 하나님 뜻 맞추어야 합니다
언제나 진리와 말씀 속에 살아야
신의 임재 가운데 살아갈 수 있습니다

아무리 힘들고 어려운 문제라도
문제 안고 문제 속 들어가지 말고

모든 일 하나님께 내려놓아
그분께 맡겨 드려야 합니다

스스로 해결하고 상황 바꾸려 하지만
돌풍 속 하나님 음성 있습니다

사건 속에서 주시는 말씀 깨달아야
그것이 하늘 문 여는 열쇠랍니다.

- 문제 속에 말씀 깨달았다 -

천국 열쇠

나 아닌 또 하나의 나

우리 속에는
또 하나의 나가 있다

어둠과 빛, 선과 악
언제나 두 영이

존재하며 내 안에
자기와 싸운다

어둠은 가면 쓰고
부로 유혹하며 명예와

육신의 정욕으로
우리를 삼키려 한다

만리포 방파제

그 때문에 시기와 질투
분노가 생기며

슬픔과 미움
고통이 따라온다

진실 아닌 내가
나를 아프게 한다

가면을 벗고
어둠에서 벗어나자!

본질인 나로 돌아와
하나님 형상 회복하면

기쁨과 희락
아픔은 사라지고
용서와 사랑 넘친다.

- 내 영혼 빛의 승리 속에서 -

신비 속 대자연

나답게 살고 싶다
신과 만남 속에
자연과 하나 되고 싶다

악한 것 들어오지 못하는
마음 방파제 있으면 좋겠다
세상이 나를 조용히
놔두었으면 좋겠다

저 찬란한 자연을 보라
거룩함과 신령함
아름다운 소리
귀 기울여 보라!

영혼의 유리 바다
갖가지 보석 펼쳐진다
그 속 신의 합일점 찾아

깊은 심연 고요함과
평안함 온몸과 정신
신비로움 사랑 넘친다.

- 음악 영상을 보며 현실의 몸부림 속에서 빠져나옴 -
Concentration Music, Relaxing Music, Sleep Music,
Meditation Music

초월적 주님의 삶

주님과 동행하는 삶
누리고 사는 인생
깊은 심령 안에
감사와 기쁨 충만합니다

하나님 빛의 사람
어떠한 환경 속에서도
지배당하지 않으며
행복과 평강 누립니다

이것은 세상이 주는
쾌락과 즐거움 아니랍니다

세상에서 누릴 수 없는
하나님 나라에서만
누릴 수 있는 평안입니다

진리 안에 자유
세상 구별된 삶 살아갈 때
꿈과 소망 넘치는 삶
누리며 살아갑니다.

- 주님 안에서 자유를 누리며 -

찬란한 생명체

창조주 거룩한 손
어느 신 감히 지구
자전할 수 있으며

태양계와 은하계
움직일 수가 있겠는가!
오늘도 빙하는
세계 바다 이루며

사막의 모래바람
인생의 고뇌 부르짖는다

우주의 회전과
지구 모든 생명체
하나님 거룩한
손에 있다는 것을…

- 창밖에 별들을 바라보며 -

나에게 은과 금은 없어도

나에게 은과
금은 없어도
나는 엄청난
부자예요

세상에서
가질 수 없는
하늘에 빛나는
보석 있거든요

그 보석은 아무도
훔쳐 갈 수 없어요

"떠오르는 생각과
 마음 어떻게 훔쳐 가요?"

가난해도 마음은
천국이랍니다.

- ☂ 비 오는 날 푸른 도서관에서 -

모든 것 품고 사랑하게 하소서

하나님 창조하심이
하나도 같은 것 없나이다
피조물 각 종류대로 창조하시고
하늘에 풍악 울리시나이다

사람 만든 옷보다도
하나님 자연에 입히신 옷
사람이 어찌 흉내 낼 수 있으리까

생사화복 주장하시고
우주를 움직이며
다스려 나가시는 여호와여!

당신께 선택받은 자녀라는 것
이 귀한 선물 어찌다
말로 표현할 수 있으리오

모든 피조물 가운데
하나님 닮게 지음 받은
이 기쁨 무엇으로
아버지께 갚으오리까

부족한 종 주님 형상 회복하여
모든 것 품고 사랑하게 하옵소서.

- 바닷속 숨어 있는 상처 -

주님만 바라보네

불어닥치는 폭풍에
쓰러질지라도

나를 일으키시는
주님만 바라보네!

중심을 보시는
주님의 눈동자
당신 피할 길 없어

주님 손 꼭 잡고
백합꽃 향기 발하며
나는 또다시 일어서네…

- 고통 속에서 -

신과의 실제적 삶

기독교 신앙은
추상적이 아니요
실질적이며
구체적이다

이타 종교와
철학 윤리와 도덕
지식과 학문의
교리가 아니다

대자연 창조하시고
다스리며 경영해 가시는
하나님 말씀
믿음과 순종을 통해

신과 실제적 만남
삶 속에 일어나는
살아있는 생명의
운동력인 것이다.

- 양곡 도서실에서 -

우주의 주인

당신은 하늘과 땅 만드시고
태양과 달, 별들 만드셨나이다
산과 바다를 만드시고
물고기와 가축과
나는 새들 말씀 선포하여
세상 모든 것 창조하셨나이다

어떤 신이 당신과 비교할 수 있으리까
우주 속 당신의 능력 따를 신 없나이다
모든 신 가운데 우뚝 서 계시며
가장 높은 산성 좌정하고 계시나이다

오~ 창조자시여!
하늘에 가장 높은 산성이여
그분이 나의 아버지이시나이다
당신 자녀로 창조하셨기에
하늘 무너지고 땅 사라져도
세상 두렵고 떨림 없나이다

오~ 창조자이시며
우주의 주인이신 나의 아버지여
모든 근원이 주께 있사오며
주의 은혜가 온 땅에 충만하나이다.

- 대곶면, 밤하늘에 별들을 보며 -

제2부

벼랑 끝에서 주님의 손

아버지의 사랑

아버지!
부르기만 해도 사랑 넘칩니다
주님은 어느 곳에나 계시며
내 안에도 밖에도 계십니다

너무 아파 홀로 울고 있을 때
아버지는 언제나 곁에 계셨고
죄 중에 빠졌을 때도
당신은 나와 함께하셨습니다

길 잃어 헤맬 때도 거기 계셨고
깊은 웅덩이 빠졌을 때도
아버지는 그곳 함께 계셨습니다

벼랑 끝 무서워 떨고 있을 때도
내가 어느 곳 가 있던지
그분은 항상 함께 계셨습니다

그 크신 사랑 말로 다 못 해
십자가 앞에 무릎 꿇고
오늘도 감사의 눈물 적시옵니다.

- 환란 속에서 주님과 동행 -

나의 기도제단

성전에서 우는 종을 위한 기도

한 남종이 다리 절룩거리며
수도원 대성전 십자가
앞으로 다가앉는다

성전 마루 두 무릎 꿇고
눈물로 아버지 부르며
호소하는 기도 소리가
가슴 아프도록 성전 메아리친다

아버지여 사정 모르오나
저 불편한 몸으로 흐느끼며
부르짖는 기도 소리 들으사
기쁜 소식 응답하여 주옵소서

성산 오를 때 무거운 발걸음
올라왔으나 성전 내려갈 때
감사와 기쁨이 넘쳐
나비처럼 날아가게 하소서!

- 대한 수도원 대성전에서 -

인생의 고뇌 가운데 감사

주님께 감사한 것은
산 같은 돌풍 몰아칠 때
파도 타는 지혜 주셨어요

사막 모래바람 속
뱀과 전갈 달려들 때도
방어할 수 있는
힘과 총명함 주시며

언제나 피할 길
예비하고 계셨어요
하나님 상속자
자녀이기 때문이죠

모든 피조물 가운데
하나님 자녀
택함 받았다는 것!

무엇으로도
바꿀 수 없는
하늘의 축복이었습니다.

- 고난 속에서 축복 -

고난은 하나님의 교훈

위기는 기회의
역사를 이룬다

하나님은 역전의
놀라운 분이시다

고난 속에 하나님
부르심 있고 말씀있다

환란은 하나님의
질책과 교훈이다

고통 없으면 인간은
성장할 수 없다

폭풍 속에 말씀
깨닫고 회개하면

시련은 하나님 선물이요
축복의 통로이다.

- 고난 속에 깨달음 -

하늘의 안테나

인생사고 다발 지역
불순종 말씀 떠난 삶이다

안전장치는 내 생각 버리고
하나님 마음 초점 맞추어
하늘 안테나 설치해야 한다

그 안테나는 하나님의
세미한 음성 들려와야 하며

믿음의 자녀는 거듭나서
성령님 인도받아야 한다

삶에 있어 위험한 것은
하나님 말씀 불순종이다

타락의 원조는
선과 악 구별하는 선악과
아담과 하와의 불순종이었다

정죄와 판단은 하나님
영역이기 때문이다.

- 고통의 원인 불순종 -

삶의 문제

사건 닥칠 때
원인만 찾으려 한다

항상 무엇 때문에
라고 말한다

인생의 모든
문제는

하나님 말씀
불순종에서 온다

바람 속에서
속삭이신다

세계 일어나는
모든 문제는

하나님 음성 듣지
않았기 때문이라고.

- 김포 대곶면 엄마 살던 집에서 -

기도 중 주님의 말씀

뒤를 돌아보지 말라 모두가 지뢰밭이요
깊은 웅덩이요 그물 쳐놓은 덫과 같다

굶주린 하이나가 기다리고 있다
사람의 감정, 인정 혼의 의식 버려라

사랑하되 공의로 사랑하라
감사 없는 곳 베풀지 말며

심어도 열매 없는 곳 심지도 말라
돼지에게 진주를 던지는 것이다

그러므로 어리석음 행치 말라
공의로 진리 찾아 지혜로워야 한다

사람에게 놀라지도 두려워하지도 말라
전갈이 파놓은 웅덩이 빠질까 염려스럽다.

- 인간은 본시 악해서 은혜 갚는 자보다
  은혜를 배신하는 자가 많은 법이다 -

찬란한 영의 삶

인생은 보이지 않는 세계
끊임없이 추구해 나간다
하나님으로부터 신격 받은
영의 존재이기 때문이다

아무리 아름다운 꽃이라도
아침 피었다 저녁에 지고
보이지 않는 뿌리 남아
새로운 희망의 꽃 피운다

보이는 육의 인생
찬란함도 잠깐이나
보이지 않는 영의 인생
기쁨과 평안 영원하다

두 부류의 인생이 있다
썩고 죽을 인생과
영원한 초월적
죽음 없는 찬란한 영생 있다.

- 거듭나고 성장해야 보이고 들린다 -

하나님은 언제나 함께

세상 밖 온통 어둠의 영들
가는 곳곳마다 구덩이 파놓고
항상 나를 기다리고 있었다

하지만 하나님은 언제나
나와 함께 하셨다

택함 받은 자 모태 전부터
도우시는 분이셨다

세상 밖 엉겅퀴 찔리면
그곳에도 하나님 계셨고

강가에 그물거릴 때
거기서도 함께하셔
사탄의 올무 끊어주셨다

어둠 헤매 길 잃을 때면
광명한 빛 나타나 인도하셨고

죄 크고 허물 많은
연약한 나를 사랑하사

천군 천사 동원하여
항상 도우시는 분이셨다.

- 한없는 하나님의 은혜를 생각하며 -

훌륭한 리더 자

훌륭한 지도자는
산이 되어야 한다
산이 왜 아름다운가?
산은 모든 것 품고 말이 없다

산속에는 많은 것들 있다
토끼 호랑이 다람쥐 뻐꾸기
각종 새 노랫소리와
여러 짐승 소리 낸다

꽃도 여러 종류요
나무도 여러 종류다
많은 모습과 소리

산은 한 아름 품으며
말없이 그들 바라보며
묵묵히 미소 짓는다

산은 말이 없다
침묵한 산은 장엄하며
멋있고 아름답다

훌륭한 지도자는
산이 되어야 한다.

- 신학교 때 학장님 교훈이었다
 "산에 오르면 산에 대해 깊이
 생각할 줄 알아야 해!"라고 말씀하셨다
 그래서 생각해 낸 시였다 -

우주는 아버지의 집

당신은 거룩하시며
온 우주는 하나님이
거하시는 성 이시나이다

천체 우주를 다스리는
나의 아버지여!

당신은 하늘의 별들
자리를 정하시고
북두칠성 운행케 하시며

하늘의 법도와 그 권능을
땅에 베푸시나이다.

- 새벽 기도 중 -

구원의 눈물 골짜기

생명의 근원이시며
거룩하신 주 여호와여!

어둠과 죄악에 있던
나를 새벽안개 속에

날개 펴
구원하셨나이다

주여, 나를 구원하듯
저들도 구원하소서

이 여종 불쌍히 여기듯
저들도 긍휼히 여기소서

그러면 나의 가슴
눈물 골짜기에서

백합꽃 동산
이루겠나이다.

- 잠들고 있는 영혼들 생각하며 -

하나님과 동행

하나님과 함께
동행함은

어둠 가운데 빛으로
바위도 뚫으시고

철문도 부수시어
막힌 산도 옮기시며

평탄한 길 인도하여
주의 날개 펴시사

하나님의
거룩한 동산 위에

구원의 뿔 높이
세우시나이다.

- 하나님 안에선 불가능이 없다 -

측량할 수 없는 사랑

우주 왕이신 창조주여 나를 용서하소서
거룩한 신 앞에 추함과 죄악이 보이나이다

당신은 얼마나 고귀하고 거룩하신지요
당신은 얼마나 찬란하고 아름다운지요

그 인자하심, 넓이와 높이와 깊이
측량할 길 없나이다
오 창조주여 홀로 영광 받아주소서

우주의 주인이시고
만왕의 왕이신 하나님께 찬양을
하늘 높이 올려드립니다

만물 가운데 하나님 형상 닮게
창조하셔서 자녀 삼아 주심을
무릎 꿇고 감사와 영광 돌리나이다.

- 하나님께 가까이 가면 갈수록
  자신의 죄가 보인다 -

더 나은 세상은 자신 속에

사람은 무엇인가?
더 나은 세상
새로운 세계

찾아보려고
환경 벗어나
여행 떠나봅니다

그러나 새로운
세상은 없습니다

자신이 처해 있는
환경에서 나를
발견해야 합니다

나를 찾기 전에는
다른 세상

새로운 행복이란
없는 것입니다.

- 방황하는 사람들에게 -

빛의 승리

인생길 험하고 피곤할 때
주님은 나의 견고한 바위와
구원의 산성이 되시나이다

어둠은 빛 앞에 설 수 없으며
하나님 만든 피조물들
어찌 창조주를 대항하리오

삶은 끊임없이 파도치나
나의 피난처는 오직
주님의 평안과 안식이로다.

- 어둠의 세상은 천국 갈 때까지 넘어트리려 한다 -

거룩한 열정과 거룩한 배짱

의미와 목적이
뚜렷하면
아무리 달려가도
지치지 않는다

또한 어떠한
위기가 와도
끝까지 참고
인내할 수 있다

하지만 목적 없이
열심히 남도 뛰니
나도 뛰자며
달려가면 나중에

의지와 열정이
얼마 가지 않아
지쳐버리고
무력감 느끼게 된다

하지만 그리스도께
사로잡히면
거룩한 열정과
거룩한 배짱이 생긴다.

- 굳건한 믿음과 신앙 -

나는 누구인가?

나는 누구인가?
어디서 와서 어디로 가는가

진리를 찾고자 많은 여행 했으나
깨달은 것 없고 병만 얻었다

죽음의 벼랑 끝에서야
자신을 발견했다

내 고향은 하늘나라였고
이곳은 잠시 왔다 돌아가는
간이 정거장이었다

초자연 속에서
하나님 만나니 내가 보였고
내가 보이니 하나님 보였다

우주 만물 창조하시고
역사하시는 그분보다

더 높으신 이 없는
창조주 만왕의 자녀이었다.

- 밖에서 찾으려 했으나
  진리는 곧 내 안에 있었다 -

영적 전쟁

끊임없는 인생의 영적 전쟁 속에서
깨어진 조각들 주워 모아 완성시킨다

그러나 사탄은 어둠 뚫고 달려와
완성품 도자기 깨트린다

어차피 이 세상은 빛과 어둠 공전인 것을…

그러나 주님은 함께하시기에
오늘도 하늘에 소망이 넘친다

빛은 어둠에 지배당하지 않으며
어둠을 지배하며 살아간다

마치 파도를 타고 수상스키 즐기듯…

하얀 캠퍼스 위 그림 그려가며
하루의 삶 시로 인생 노래한다.

- 주님과 동행하는 삶은 환경을 초월한다 -

장밋빛 사랑

빨간 장밋빛
가시에

찔림으로
나 구원받았네!

그윽한 향기
그 은혜

어찌 잊을까?
값을 길 없어

한 송이
꽃잎 따다

깊은 영혼 속
책갈피에 끼웠네!

- 장미축제 시 낭송 대상 -

기흥구 만골공원에서

제3부

폭풍 속에서 주님의 음성

주님 사랑에 자녀 손 꼭 잡고

천둥번개 하늘 찌르고
비바람 몰아치며
태풍 휩쓸고 지나가도
주님 언제나 우리 품어
안아주셨습니다

어렵고 힘들어도
외롭고 고독해도
우린 모두 평안함 속
살아갈 수 있었습니다

가정 지킬 수 있었고
자녀 손 꼭 잡고
살아갈 수 있었던 것은
고귀한 당신 사랑이었습니다

파도치는 환경 속에서도
감사하며 살 수 있었던 것은
끊임없이 돌보시는 주님
사랑하기 때문이었습니다.

- 주님 사랑에 자녀를 지킬 수 있었다 -

강물에 버린 눈물이 바다로

뼛속 스며드는 눈물
깊은 영혼의 골짜기
슬픔 고이 쌓여
견딜 수 없는 아픔

흐르는 강물
흘려보내지만
강물은 흘러 또다시
바다로 함께 모입니다

출렁이는 파도는
거품 물고 나에게로
철썩철썩 다가와
속삭입니다

"네가 버린 눈물이란다"

슬픔은 파도에
부서지며 아픔으로
밀려왔습니다.

서해 파도리 동굴에서

거룩한 영광의 자리까지

새 아침이 밝아온다
희망과 소망 안고
해맑은 웃음으로
태양은 또다시 떠오른다

천둥번개 놀라고
비바람 찢겨나간
먹구름의 조각들
출렁이는 바다가 삼킨다

떠오르는 태양 가득 안고
독수리 날개 치듯
하늘 높이 날아보자
지난 아픔의 시간
저 파도 위에 던져라!

먹구름 사라진 푸른 하늘
찬란한 꿈 펼치고
꽃구름 하늘 높이
힘차게 날아보자!

무지개 건너
유리 바다 지나
은하수길 따라
하나님 은혜의 강

하얀 날개 거룩한
영광의 자리까지
저 떠오르는 태양 안고
힘차게 날아보자!

만리포에서 오빠와 함께

인생의 항해

얼마나 멀고 먼 갈매기
여행이었는가
얼마나 길고도 긴
바다를 항해하였는가!

저 가까이 바라다
보이는 금빛 백 사장
육지 푸른 초장
쉼터가 다가온다

영원한 쉼터 평안과 안식
자 힘내어 조금만
더 달려가 보자
거센 파도 안은 채

때론 바다 한가운데
아무 소리 들을 수 없는
적막한 까만 밤이면
별들의 노랫소리 있어
은하수 가락 맞추어 흥얼거린다

지독한 외로움 깊은
심연의 상처 어루만지며
달빛 속 미소 짓는
주님 얼굴 있기에
나는 그렇게 슬프지 않았다

별들 뿌려놓은 은하수길 따라
기쁨과 평강이 넘치는 찬란한
주님의 왕국으로 돌아가리라!

주의 길 따라

십자가 십자가
내 죄 씻었네

주님 피 흘림
죄 사함 받았네!

주님 발자국
나도 따라가리라

무지개 날개 펴
예수님 손짓하네!

은하수길 따라
주님 손잡고

나는 가리라
십자가 붙잡고

오직 주님 길만
따라가리라!

- 2018년 11월 15일 새벽 2시 김포 대곶면에서 -

신의 경지

사람은 종교를 찾고
신을 갈망한다
무엇 때문일까?

풀리지 않은
수수께끼 인생
외롭고 고독하기
때문이다

무엇 때문에 사람은
그 어떤 것으로도 마음
채울 수가 없는 것일까?

사람의 본질은
신에게서부터
시작되었기 때문이다

모든 피조물 가운데
사람만 하나님 형상대로
창조하셨기에

사람은 하나님 떠나선
그 어떤 것도 세상에서
만족할 수 없는 것이다.

한 번의 잘못된 선택

보랏빛 베일 속 황홀했던 꿈
차가운 달빛 속 회한의 절규가
심연의 바닷속 헤엄친다
한 번 잘못된 선택이 평생
삶을 눈물짓게 할 줄 몰랐다

한 번의 실수와 불순종이
무덤까지 갈 줄 몰랐다
회개의 눈물 하염없이
허공 치며 양 볼 위 적시 운다
깊은 마음속 세미한 음성 들려온다

"사랑하는 딸아 네가 상처받지
 않고서야 어찌 상처받고 소외당한
 영혼들을 치료할 수 있겠느냐
 너와같이 아픈 자들 위하여
 빛과 소금 역할이 되거라"

칠흑 같은 어둠 사라지고
고통과 아픔의 절규가
기쁨과 소망 넘치는 눈물 되었다
창밖에 미소 짓는 정다운 달빛
주님께 감사기도 올려드렸다.

- 창밖에 달빛을 바라보며 -

돌아온 탕자

당신 품에 안기울 땐
온 세상 다 내 것이었습니다

당신 곁을 떠났을 땐
온 세상 모두 잃어버렸습니다

지구 끝 홀로 앉았을 때
주님은 살며시 다가와
나에 손잡아주셨습니다

얕은 시냇물 건널 때도
돌다리 만들어주셨습니다

그래도 빠질까 염려스러워
두 손 꼭 잡고 건너주셨습니다!

나는 행복 잡을 수 없는
구름 쫓아가려 했습니다

수많은 별 헤아리며
이별 저 별 찾아 헤매었습니다

이렇게 주님의 사랑
가까이 있는 것을…

이상과 현실 속에

이상과 현실
뒤얽힌 삶 속에서
자신만의
무언의 싸움
한 송이 백합꽃
피어왔다

날마다 일어나는
태풍 속에서도
한 송이 장미꽃
피우기 위해
구름 위 꿈 실려
날려 보냈다

아름다운 마음
깨질까 두려워
새벽이슬 초롱초롱
물방울 속에
살며시 마음 들어
감춰버렸다.

- 호주에서 새벽기도 끝나고 공원을 산책했다
 잔디에 새벽이슬이 떠오르는 태양에 반사되어
 무지개 물방울들이 너무 아름다웠다 -

샛별의 마지막 삶

바위에 파도가 부서지듯
주님 내 마음 너무 아파요

저 수평선 너머에
흘러가는 꽃구름 되어
제 마음 평온함 주세요

인생의 마지막 꿈
당신 원하시는 뜻 이루시며

어둠 지나 새벽 별 떠오르는
빛나는 마지막 삶 되게 하소서.

호주에서 귀국 직후, 엄마가 살았던 집에서

나무는 그 열매를 보고 알 수 있다

나는 어떠한 열매를
맺을 것인가?

심은 대로 거두는 것은
땅의 법칙이며
하늘의 법칙이다

어둠은 어둠으로
빛은 빛으로

악은 악으로 선은 선으로
지옥 갈 자와 천국 갈 자

두 부류의 인생
소용돌이 삶 속에

나는 과연 어디에
속하며 살아가는가?

쭉정이 불 속 들어가기 전
어떤 열맨지 날마다 스스로
성찰해 보아야 한다.

여호와의 장막을 그리며

여호와여 허물과
죄 용서하옵시고

아름다운 성산
허락하여 주옵소서

새벽이면 물안개 속
여호와 신 임재하는 장막

산 위 떠오르는 태양
바다에 지는 낙조

성령의 불꽃 임하는
여호와의 지성소
허락하여 주옵소서!

조용히 묵상 속
내가 그 성산에서
주님 얼굴 대하며

산새와 물새들 불러 모아
찬양과 경배드리고 싶나이다.

- 만리포 땅 성전을 그리며 -

택함 받은 자

부모를 택할 수 없듯
하나님 스스로 택할 수 없다

하나님을 믿는다는 것
위로부터 전폭적인
하나님 자녀 택함 받은 것이다

인간은 죄로 인하여
하나님 떠나 고아 되어
길을 잃어버렸다

하나님은 우리를 고아로
버리지 아니하시고

예수님께서 이 땅에 오시어
말씀 육신 되어

피 값으로 우리 죄
대속해 주시고

하나님 품 돌아갈 고향길
만들어 주고 가셨다

우린 잃어버린 고향
다시 찾아 돌아가는 것이다

사람들은 누구나
신을 갈망하고 찾는다

그것은 인간만이 하나님 형상으로
창조되었기 때문이다

인생은 죽는 것 아니고
왔던 곳으로 영원한
고향으로 돌아가는 것뿐이다.

- 2016년 12월 15일 새벽 5시 -

문제가 답이다

사람에게 있어서
문제가 문제
될 수 없습니다

문제는 문제가
답인 것입니다
답은 문제 속에
있다는 것입니다

문제 속에서
자신을 찾아
발견되어야 합니다

문제는 하나님 주신
경고장입니다

몸 밖 문제 아니라
몸 안의 문제
깨닫고 나면
회개뿐이랍니다

회개는 초자연적 역사요
인생 모든 문제 해결이며
천국의 열쇠랍니다.

금과 은보다 귀한 나

그분은 대우주였고
나는 소우주였다
깨닫고 나니 세상 무섭고
두려운 것 없어졌다

누굴 부러워하거나
시기 질투 없어졌다
부족함 없는 하나님
자녀이었기 때문이다

그분 나와 함께함으로
내게 금과 은 없어도
나는 행복하고 기쁘다

주님이 주시는 기쁨과 행복
세상에 부와 명예 육신의
정욕과도 비교할 수 없다

세상에서는 도저히
얻을 수 없는 하늘에 선물
자유와 기쁨과 평강이다.

하나님의 피난처

하나님을 찬양하라
그는 정의로우시며
공의로우시리로다

극심한 환란이 닥쳐도
하나님 의뢰하는 자는
암탉이 병아리 품듯 하도다

하나님 경외하는 자는
인생에 모든 엉겅퀴와
사망에서 건지시리로다

하나님은 우리의 피난처요
모든 죄악에서 건지시는
기쁨의 평안과 안식이로다.

태풍

여행 중 인생의 끝자락
어느 간이역에서

움츠리고 날지 못하던
작은 새 한 마리가

갑자기 태풍이 불어
날개를 펼쳐본다

푸득이며 이렇게 날면
많은 세상이 보이는 것을…

태풍은 작은 새 한 마리
힘차게 날게 해주었다.

- 태풍은 목사의 길을 가게 되어 은퇴하고
  수필 작가와 시인으로 마지막 무대가 되었다 -

어둠 골짜기에 십자가

세상 이기심과 욕심
배려하는 마음 없다

무덤 위 마른 뼈다귀
사랑 잃어가는

불 꺼진 창
어둠의 골짜기

예수님은 이 죽음의
골짜기에

물과 피 쏟으시고
십자가 세우셨다

나만 바라보며
오라고 부르신다

나는 너의 생명이요
진리요 길이라고…

주여 저들을 불쌍히 여기소서

죄악이 세상에 범람하여
주의 진노가 천둥 치고
바다를 뒤엎어
땅을 불로 살려도

저들은 귀가 있어도
듣지 못하며
눈 있어도
보지 못하나이다

죄악이 고구마 줄기처럼
뽑아져 나오거늘
저들은 죄를 먹고 마시며
죄가 죄인지 모르나이다

주여!
구원의 뿔 높이 세우사
저들 긍휼히 여기시어
죄와 사망에서 건져주옵소서.

- 인생들을 바라보며 -

주님 나는 참 행복해요

주님 난 참 행복해요
생명의 양식을 먹으니
푸른 동산 뛰어다니는
백마가 되어요

주님 난 참 행복해요
말씀 꿀송이보다 달아
향기 넘치는 꽃밭을
날아다니는 나비가 되어요

주님 난 참 행복해요
폭풍이 몰아쳐도
독수리 되어 힘차게
빛을 향해 날아가요

주님 난 참 행복해요
말씀 무지개 되어
뭉게구름 해맑은
웃음으로 춤을 추어요.

- 하나님과 동행하는 삶은
  환경을 초월한다
   빛없는 구갈 원룸에서 -

잠시 머물던 구갈 원룸에서

제4부

추억의 계단

창밖에 새와 밤나무

창밖에 새소리 새벽 깨운다
밤나무 가지 점점 푸르러
하얀 망 커튼 푸른 물감 드리운다

전깃줄 위에 참새들 옹기종기
모여 앉아 무슨 말들 하는지

지지배배 짹짹 짹!
얼굴 마주 보며 갸우뚱 고갯짓한다

아냐, 어쩜 참새들 일찍 일어나
하나님께 찬양드리는 것일 거야!

게으름 피웠던 눈 비비고 일어나
나도 주님께 예배드려야지

주여, 오늘도 온 땅 축복하소서
하늘나라 새 아침 천사들
나팔 소리 울려 퍼지겠지요

새 하늘 새 땅 이 새벽
주님 홀로 영광 받아주소서!

- 창밖에 새들과 새벽예배 -

여름의 독백

태양이 끓는
용광로 속에서도

시간은 소리 없이
흘러만 간다

인생의 뒤안길
모든 것 비운 채
마지막 열차 달린다

나만의 독백
아름다운 성 쌓아

벌거벗은 채
참의 색깔
바다에 떠오른다

황혼 저물어가는
들녘 위 우뚝 서

아름다운 너
찬란한 진실 앞에 서 있다.

사계절 행복 주는 친구

가을이 오면 낙엽 밟으며
철학 있고 시와 낭만 있는 친구야!

겨울이 오면 성에 낀
차창 밖 하얀 눈 바라보며
따뜻한 커피 한 잔에
인생을 노래할 줄 아는 친구야!

봄이 오면 땅 녹고 새 움이 터
활짝 핀 꽃길 따라 걸으며
뭉게구름 속 미래 꿈꾸며
희망의 미소 짓는 친구야!

여름이 오면 산새들 지저귀고
풀벌레 노래하며
푸름 짙어가는 깊은 숲속

계곡 물줄기 따라
산등선 위 붉게 물들인 황혼
가슴 불태울 줄 아는 친구야!

함께할 수 있는 네가 있기에
아름다운 무지개 활짝 펴
노래할 수 있어 참 행복하구나!

친구 병수에게 보내는 시

 친구는 사랑하는 사람과 맺어지지 못했다. 서로의 행복을 위한 1000일 기도 끝에 친구는 불교를 만남으로 보살이 되었고, 나는 삶의 폭풍 속에 100일 기도를 통하여 하나님 첫사랑을 회복하고 신학에 들어가 목사가 되었다.

6월의 푸름

6월의 푸르름
짙어만 간다
꽃잎 서로 미소 지으며

새들 노랫소리
나뭇잎 장단 맞춰
바람결에 춤춘다

햇살 뜨거움 속
짙어가는 무성한 나뭇잎
한여름 성큼 다가선다

조금 있으면 한낮
태양 피하여
강과 바다로

가족과 연인들
도시를 떠나겠지?

- 창밖에 바람결 흔들리는 나뭇잎 바라보며 -

새로운 꿈

출렁이는 바다를 본다
숨겨진 가슴 모퉁이 속

구겨졌던 마음 펼쳐
바다 물결 위 던진다

아팠던 옛이야길랑
저 파도에 띄워 보내자

하얀 뭉게구름 두둥실
수평선 위 너울춤 추는

태양이 새벽 깨우며
새로운 꿈 펼친다.

만리포 파도리 동굴에서

추억의 화이트 군밤

젊음이 불타오르는
화려한 어느 날
화이트 크리스마스
명동거리였습니다

함박눈 쏟아지는 명동거리
포장마차 군밤 냄새
젊은 여인들 발걸음
멈추게 했습니다

발 시려 동동 구르며
군밤 사랑하는 이에
주머니 속 넣어주었습니다

따끈한 군밤은 연인들
주머니 속에서 두 손
꼭 잡게 해주었습니다

낙엽 지는 공원 벤치
홀로 앉아 지금도
그날 생각하면
가슴 뭉클해집니다.

- 흘러간 1969년 12월 25일
  파랑새와 함께했던 추억을 생각하며 -

시인은 밤하늘에 별

시인은 메마른 땅
촉촉이 적셔주는
물보라 안개 속 아침이슬
영롱한 빛입니다

시인은 길 잃은 철새
지친 영혼 고향의 둥우리
평안의 꽃동산입니다

시인은 슬픈 사람 기쁜 사람
모두 손에 손잡고
함박꽃 피우는 행복의
복음자리입니다

시인은 세상에서 가장
찬란한 빛을 발하는
밤하늘 별들의 고향이며

푸른 바다 신 비속
감추어진 보석
아름다운 진주랍니다.

- 시인대학 1박2일 문학기행에서 -

마지막 캠퍼스

파도에 부서져 나갔던 기억
옛이야기처럼 하얀 캠퍼스 위
물감 뿌려 그려나가 노라면
물장구치며 철없이 뛰놀던 시냇가

뒷동산 올라 황혼 바라보며
신데렐라 되어 꽃구름 타고
무지개 속 춤추던 꿈 많던 소녀 시절

먹구름 떠밀려 깨어진 항아리 속
엉엉 울며 여행하던 집시의 나날들
한 줄기 빛 찾아 하늘에 천사 되어
구름 타고 올라갔었지…

물보라 피어오르는 추억의
옛이야기들 노을 져 가누나!

종착역 마지막 시인의 길
마무리하며 흐트러진 퍼즐들
떠나는 캠퍼스 위에 하나 가득
별들의 이야기 채워질 때까지.

- 인생을 마무리 정리 -

그대는 아는가? 내 사랑이여

그대는 아는가!

별들의 밤하늘 속
나의 영혼 춤추는
그대를 위한 밤
내 사랑이여

그대는 아는가!

달빛 여울 속
이별의 눈물 담아
그리움 전하는
내 사랑이여

그대는 아는가!

불타는 황혼 속
외로움 가득 담아
전하는 작은 가슴
내 사랑이여!

- 노래 가사로 시를 써보았다 -

별들의 마음 전하는 보름달

별들의 그리운 고향
유난히 커다란 보름달

밤나무 가지 위
걸터앉아

가지가 무거워
부러지겠구나!

동그란 얼굴
미소가 가득

많은 사람
너를 보고 있겠지

이별 보낸 사람
그리움 전한 사람

지구촌 별들의
소식 전하느라

달아, 오늘도
너는 바쁘겠구나!

- 창밖에 보름달이 밤나무에 걸쳐있었다 -

엄마 생일날 팥죽 줘요

"엄마 나 팥죽 줘요
 오늘 내 생일이잖아!"

나는 음식 중에 팥죽을
제일 좋아한다

생일에는 좋아하는 음식
먹을 수 있을 것 같아

엄마한테 팥죽 만들어 달라고 했다
하지만 엄마는 안 된다고 하셨다

"아휴 막둥아!
 오늘은 생일이라 안 된다

 생일에는 죽 먹는 것이 아니란다
 생일날 죽 먹으면 가난하게 산단다"

엄마는 하얀 쌀밥
놋그릇 주발 수북이 담아
미역국만 한 대접 주셨다.

- 초등학교 1학년 때 생일날 -

제비꽃과 선인장

나는 들풀 속에 묻혀
숨어 사는 아주
작은 연보랏빛
제비꽃이랍니다
나의 먹이는 새벽이슬
하늘에서 내려주는
무지개 물방울 먹고 살아갑니다

그러다 사막 아주 커다란
선인장꽃 보았습니다
불덩어리 태양 먹고
강한 모래바람 마시며 살아가는
찬란하고 아름다운
선인장꽃 보았습니다

그 선인장꽃은
제비꽃에 다가왔습니다
그만 숨어 살지 말고
세상 밖 나와 살라고
그는 떠오르는 새 벽별
구름에 담아 주고 사라졌습니다.

- 어느 유명한 시인을 선인장꽃으로, 무명의 나는 제비꽃으로 비유했다
목사님 시인에게 1,000편의 신약성경 시를 강단에서 선물 받은 날 -

인생은 여행길

인생은
잠시 왔다가
떠나는

여행길인 것을
무엇을 그리
그대는 슬퍼하는가!

사막을 지나
초원 달리는
말발굽 소리

호수 길 따라
은빛 물결

추억에 그리움
가슴에나
가득히 담아가자!

- 푸른 도서관 호숫가 벤치에서
  미국 포틀랜드 호수를 생각하며 -

봄비 내리는 날

창밖에 봄비가 내린다
하늘 회색빛 띠고
물방울 맺혀 흐른다

아랑곳하지 않고
영혼의 날개를 펴본다
굽어진 계곡 따라

산 넘고 물 건너
바닷가에 돛을 달아
바람 타고 항해한다

하늘 높이 날아가는
한 마리 기러기 등 타고
하얀 구름 위 앉아

이승과 저승 연결하는
무지개다리 수놓아
봄비는 상상에 날개를 편다.

- 일기 2018년 5월 17일 목 ☂
  비 오는 날 상상의 날개 -

추억의 팝송

추억의 발자국
물안개처럼 피어오른다

시골 어느 농가 앞마당
둥그런 짚 멍석 깔고

별 하나 별 둘 세며
나뭇가지 걸친 달빛 아래
꿈 수놓으며 마냥 행복했었지

"어느 소녀에게 바친 사랑
 팝송이 너무 좋아
 멍석에 누워 선배한테
 밤이 새도록 배웠었지…

 정말 난 행복했었어!
 지금도 그 팝송 부를 줄 알아"

저물어 가는 황혼길 모퉁이에서
오늘도 흰 머리카락 하나둘 뽑으며
추억을 더듬어 쓸쓸히 미소 짓는다.

- 1968년 여름 캠프 계몽 활동
  능내에서 멍석에 누어 별이 쏟아지는 밤
  선배한테 '어느 소녀에게 바친 사랑' 팝송을
  밤이 새도록 배우던 지난날을 생각하며 -

남이섬 펜션 정원에서

정원 푸른 잔디
가꾸어 놓은 꽃밭
백일홍꽃 옹기종기
예쁘게 피어있다

난간 아래 시냇물
흐르는 소리와
숲속 산새들 소리

멀리 바라보이는 산
둥그렇게 둘러싸여
아늑하고 평안하다

바로 눈앞 보이는
개울 다리는 가끔
차들 질주하며 달려간다
평화로움 속 자연 소리와

가끔 적막 깨고
달리는 차들은
인생 숨 쉬는
생동감 느끼게 한다.

- 유명산 펜션에서
  남이섬 펜션으로 온 날 -

인생의 막차

연기 내뿜는
옛 추억 아름다운

그 완행열차
몸 싣고 떠난다

바구니 속 하나 가득
이야기 담은 마음

하나둘 꺼내어
창가에 펼쳐본다

지금 이 마음
이제 마지막 열차

황혼 길 구름 속
고향 찾아가누나!

대곶 정원에서

어쩌면 그리도 아름다운지요

여호와여 당신의
창조하심이
얼마나 아름다운지요

바람 소리 물소리
때론 천둥번개
놀라게도 하시나이다

산과 들에 피인 꽃
고운 옷 입히시고
물새들 신비로운 바닷속

어쩌면 그리도 아름답게
창조하시었는지요

까만 밤이면 반짝이는
별들의 노랫소리 장단 맞추고
흘러가는 구름 사이 보름달

새벽이면 찰랑이는
수평선 저 너머
해맑은 웃음 지으며

빨간색 옷 단장
소리 없이 곱게
피어오르는 태양

당신의 손 만드심
어찌 그리 곱고 예쁜지요

하루해 지고 저녁이면
산마루턱 걸터앉아

일곱 빛깔 물 드린 노을
어쩌면 그리도

온 세상 아름답고
찬란한지요

모든 것 창조하심이
다 여호와 것이나이다.

- 푸른 도서관 호숫가에서 -

꿈의 섬

물결이 찰랑찰랑
나비 춤추며

갈매기는 끼룩끼룩
노래를 부른다

저 수평선 너머엔
작은 섬 있어

그 누가 살고 있기에
이토록 가고 싶을까?

별을 따다 바다에 뿌리고
달빛 등대 삼아 길만 들면

그리운 꿈의 섬
건너갈 수 있을까?

천리포에서 오빠와 함께

자녀를 기다리는 어머니

창밖에 기대서서
이제 올까 저제 올까?
기다리시던 어머니

내가 올 적마다 창밖을
내려다보시며 하시던 말씀

"사람을 구경할 수가 없어
 길을 봐도 사람들이 보이지 않아"

"엄마! 이제는 모두
 승용차들 있어서
 길가에 걸어 다니는 사람
 없어서 그래요"

얼마나 외로우셨을까?
얼마나 쓸쓸하셨을까?
인생 다 바쳐 키워놓았더니

제각기 살기 바쁘다며
돌아보지 않는 자식들
많은 부모님 그렇게 외롭고
쓸쓸하게 돌아가십니다.

- 그리운 어머니 생각하며 -

막네오빠집 정원에서
엄마와 함께

제5부

노을의 쉼터

변치 않는 사랑

당신 사랑하기에
여기 이렇게
머물러 호흡합니다

당신만이 나의 소망
당신만이 나의 희망
당신만이 나의 기쁨

숨 쉬는 것조차
오직 당신 있기에
꿈속 거기서도
내가 존재합니다

먼 산 구름 걸치고
그 위 무지개 속
손짓하는 당신 숨결
나의 삶 온통 당신
사랑에 울고 웃습니다

주님 나는 사랑에
정말 미쳤습니다
변치 않는 하나님
영원한 사랑에…

- 수안산 정상에서 -

수도원 성전

힘들고 지칠 때
언제나 피할 길
예비해 주시고

주님과 함께 평안히
안식할 수 있는
아름다운 선지 동산

하나님께 감사와
영광 돌립니다

맑고 푸른 하늘
아직은 이른 봄

성전 창밖에
앙상한 가지
찬바람 나부낍니다

조금은 외롭고
쓸쓸하지만
주님 곁에 계셔
행복합니다.

대한 수도원에서

나를 성결하게 하소서

오늘도 주님 가신 길 생각하며
그 길 따라나섰습니다

내 죄와 허물 위해 십자가 못 박혀
돌아가신 주님에 그 크신 사랑

내게도 허락하사 모두 사랑하고
가슴으로 품으며 용서하게 하소서

주님 흘리신 보혈의 피로 성결케 하사
내 속 아직도 남은 더러운 찌꺼기

아름답지 못한 마음 모두 씻기어
나가게 하소서 나의 영혼과 육이

그리스도 장성한 분량까지 성장하여
하나님 형상 오늘도 회복하게 하소서!

- 제단에 십자가 바라보며 -

승리하게 하소서

오늘도
푸른 하늘 날아
무지개 건너게 하소서

빛의 나라
은하계 지나
우주 주인이신

초자연 세계
돌아가게 하소서

끝없는 환경
여러 가지 빛깔
다가오는 세상

오늘도
어둠의 영과 싸워
승리하게 하소서!

- 2018년 3월 20일
  대한 수도원 대성전에서 -

하나님의 가을 축제

이 산과 저 산 마주쳐 올라
울긋불긋 단풍
오색 옷 입히셨네

바람 손님 지나가면
계곡 산줄기마다
흥겹게 왈츠춤 추네

어쩌면 저리도 아름다울까?
산등성과 들녘 황금물결 치며
대자연 가을의 축제

제 나름대로 화려한
드레스 입고 자랑하네
사람이 어찌 저 자연
작품 만들 수 있을까?

우주 주인이신 영광의 주
오직 창조자 하나님뿐일세!

- 단풍 등산을 하면서 -

마지막 긴 여행

그동안
누리지
못 했던
여행이었습니다

하지만
이번 여행은
긴 여행이
될 것 같습니다

돌아올 땐
언제나
빈 배로
돌아왔습니다

마지막
긴 여행은
많은 것을
싣고
올 것 같습니다.

- 마지막 문학의 길
  시와 낭송과 수필을 배우면서 -

눈꽃송이

앙상한 가지 위
구름 속에서
하얀 눈꽃송이
온 마을 뿌려집니다

산에도 들에도
눈꽃송이
바람에 실려
날아옵니다

꿈을 가득 담아
두둥실 구름 타고
송이송이 피어
내려옵니다

밭도랑 논 도랑
가로수길 위에도
추억의 눈꽃송이
그리움 뿌려집니다.

- 눈 오는 날 양곡 도서관 산책하며 -

내 영혼아

땅에 지친 영혼
하루해 저물어 간다

내 영혼아!

바다 저편 붉게 타오르는
장엄한 하늘 바라보라

천사들 날갯짓하며
손짓한다

내 영혼아!

"조금만 더 참아라
 이제 다 왔노라"

마음 깊은 바닷속
세미한 음성 들려온다.

- 삶의 지침으로 천국을 소망 -

서해 바다

주님 오늘도

주님
오늘도 세상 보이는 것
보지 말게 하옵시고
볼 수 없는 것 보게 하옵소서!

주님
오늘도 들리는 것
듣지 말게 하옵시고
들리지 않는 것 듣게 하옵소서

주님
오늘도 말할 수 있는 말
하지 않게 하옵시며
말할 수 없는 말
할 수 있게 하옵소서

주님
오늘도 환경 보지
않게 하옵시며

생명의 말씀 그루터기 되어
묵묵히 예수님 발자취만
따라가게 하옵소서!

연민의 사랑

아름다운
환상 속
당신의 눈빛
바라봅니다

그리움 날개 펴
바라보면
온몸 사랑하는
눈빛 속 들어갑니다

평화로움
향기에 취하여
당신 눈 속에서
길 잃었습니다

눈 떠 깨어보니
그대 숨결
나의 품 안기어
있었습니다.

- 예수님 사랑 -

하나님 형상 회복케 하옵소서

주님 가신 길 생각하며
그 길 따라나섰습니다

우리 죄와 허물 위해
십자가 못 박혀 돌아가신 주님

그 크신 사랑 허락하사
모두 용서하게 하소서

주님 보혈 성결케 하여
아직 남은 찌꺼기

아름답지 못한 마음
깨끗게 하옵시고

영혼과 육이
예수님 닮아 성장하여

하나님 형상
회복게 하옵소서!

대한 수도원 대성전에서

주님 품으로 안식

주님 쉬고 싶어요
음악과 그림 시와 함께
그렇게 안식하고 싶어요

참으로 돌아보면
먼 길 온 것 같아요
하지만 저 푸른
창공을 바라보아요

까만 밤이면 수많은
별들의 은하수 길 따라
주님 왕국으로 돌아가요

하얀 커튼 차창 밖
나뭇가지 흔들림 속에
스르르 잠이 들고 맙니다.

- 지친 삶 속에서 창밖에 쏟아지는
  별들을 바라보며 홀로 잠이 들었다 -

아버지 품으로

파-란 하늘 위
뭉게구름 타고
유리 바다 넘어간다

무지개다리 건너
저- 찬란한
은하계 지나!

창조주 아버지
깊은 품으로
들어가게 하옵소서!

- 천국을 그리며 -

달과 바람

은하수에
걸린
둥근 달

먹구름
밀어내고

호숫가에
내려와
목욕한다

지나가던
바람

금빛 물속
달 보고

빙그레
웃고
지나간다.

- 바람 부는 호숫가에 비친 달을 보고 -

아침 산책길

이른 아침 상큼한 바람
옷깃 살랑살랑 스쳐 간다

녹색 짙어가는
초여름 새벽이슬

바람결 부대끼는
나뭇잎 소리와
새들의 노래가

왜 이렇게 아름다울까?
온통 마음 설렌다

모두 하나님 작품
죄성 없는
자연의 소리 때문이겠지…

길가에 피어있는
꽃들의 미소

그윽한 향기가
코끝을 스친다.

- 김포 양곡 도서관 산책 -

낙엽의 화려한 여행

낙엽은 화려한 옷 입고
떠날 준비 하고 있다
바람은 낙엽에게 말한다

"낙엽아, 준비됐지?"
낙엽은 기다렸다는 듯
"응, 옷 다 입었어!"

바람은 오색낙엽 안아서
계곡물 위에 실려 보낸다

폭포의 장엄한
오케스트라 연주 속에
낙엽들 물결 따라 여행 즐긴다

가지에 매달린 낙엽들
묶임에서 풀려나 여행하는

친구들 물끄러미 바라보며
부러워 쓸쓸히 미소 짓는다

저 낙엽 다지기 전
나도 여행 떠나야지…

- 계곡으로 낙엽이 떨어져 물결 따라 흘러가는 것을 보그
  여행이란 또 다른 꿈의 세계를 찾아간다는 뜻에서 썼다-

강가에 내려온 보름달

깊어가는 가을
둥근 보름달

구름 사이 고개
살짝 내민다

별들 꽃가루 수놓고
찬바람 허공에 떨더니

어느새 강가에 앉아
거울 보며 목욕하네!

이 밤 외롭고 쓸쓸한데
오늘 활짝 핀 보름달

하늘 강 마주하니
유난히도 밝구나!

- 강가에 달이 비추어
  금물결 찰랑거림을 보고 -

초여름 손님

내 영혼아 날개를 펴라
창 넘어 손님 왔다
문 활짝 열어라

바람 손님 타고
마음껏 날아보자

들에 꽃들 미소 짓고
팔랑이며 춤추는
나뭇잎 노래 부른다

보랏빛 황혼 물드는
서쪽 산 꿈 싫고
힘차게 날아보자

짙어가는 녹색 잎
별들의 초여름 밤
보름달도 초대하자!

- 양곡 도서실 바람 부는 창밖을 보며 -

새벽 기도와 찬양

새벽 종소리 동산 위
뻐꾸기 새벽을 깨운다

일어나 하나님께
아침 문안드리라고

어둠 서서히 물러가고
은빛 새벽 밝아온다

지난밤 감사하며
새벽이슬에

걸어오시는
주님을 찬양한다

오늘도 나와 동행할
주님께 감사하며

기도와 찬양 하늘 높이
올려드린다.

김포 대곶에서

하나님 품으로

어둠과 빛
주관하시고

생명을 잉태하시는
여호와 하나님!

천지가 모두
주의 것이나이다

허물 많고 죄 많은
세상 벗어나

천국의 아름다운
평강의 나라로

오늘도 종의
영혼 이끄사

초자연 당신 품
돌아가게 하소서!

- 하나님 첫사랑 회복 -

추억의 보석 항아리
영혼의 소리

이석자 목사 영성시집

발행처	도서출판 청어
발행인	이영철
영업	이동호
홍보	천성래
기획	육재섭
편집	이설빈
디자인	이수빈 | 구유림
인쇄	정우인쇄

등록　1999년 5월 3일
　　　(제321-3210000251001999000063호)

1판 1쇄 발행　2025년 11월 3일

주소　서울특별시 서초구 남부순환로 364길 8-15 동일빌딩 2층
대표전화　02-586-0477
팩시밀리　0303-0942-0478
홈페이지　www.chungeobook.com
E-mail　ppi20@hanmail.net

ISBN　979-11-6855-394-1(03810)

본 시집의 구성 및 맞춤법, 띄어쓰기는 작가의 의도에 따랐습니다.
이 책의 저작권은 저자와 도서출판 청어에 있습니다.
무단 전재 및 복제를 금합니다.